AF259790

M. POUJOULAT

CÉLÉBRITÉS PROVENÇALES

CONTEMPORAINES

M. POUJOULAT

PAR

AUGUSTIN JOUVE.

BIBLIOTHÈQUE ... IMPÉRIALE ...

PARIS	MARSEILLE
GARNIER FRÈRES, LIBRAIRES	J. MINGARDON, LIBRAIRE
Rue des Saints-Pères, 6.	Rue de l'Arbre, 31.

1867.

M. POUJOULAT.

M. Poujoulat (Jean-Joseph-François) est, né en 1808, à la Fare, petit village aux environs de Salon ; mais sa famille est originaire de Dieulefit, en Dauphiné. Pendant quatre siècles, les ancêtres de cet écrivain y ont été consuls de père en fils, toujours dévoués à la défense des intérêts catholiques, dans les guerres de religion dont ces lieux furent si souvent le théâtre ensanglanté.

Le grand-père de M. Poujoulat quitta Dieulefit vers 1770 et alla s'établir à Salon. Son père vint à la Fare dans les premières années du dix-neuvième siècle, et c'est dans ce modeste village que naquit, dans une humble condition, celui dont nous écrivons la biographie. Si nous remontons ainsi aux ancêtres de M. Poujoulat, c'est pour constater un rapprochement qui ne sera pas lu sans intérêt par tous ceux qui connaissent la nature des travaux de notre compatriote.

Simon Poujoulat, premier consul à Dieulefit, avait été, en 1638, envoyé à Arles auprès du grand commandeur de Saint-Gilles et du chapitre des chevaliers de Saint-Jean de Jérusalem pour la négociation d'une affaire à laquelle se mêlent les noms de **M.** de Comps et du commandeur de Poët-Laval. Il y a quelque chose de piquant dans ce nom de Jérusalem, mêlé, à deux siècles d'intervalle, au nom de **M.** Poujoulat ; mais revenons à notre biographie que nous avons cru devoir faire précéder de ces faits historiques connus de peu de personnes.

Le jeune Poujoulat montra, dès l'âge le plus tendre, une précocité fort remarquable ; sa mère, femme d'une grande piété, et appartenant à une famille royaliste victime de la révolution, eut l'intention de le destiner à l'état ecclésiastique. L'enfant fut placé à l'âge de huit ans chez le curé de la Fare qui, le trouvant trop instruit pour une école primaire, manifesta **le** désir de lui apprendre la langue latine.

Le petit écolier fit chez le curé de rapides progrès dans l'étude de cette langue à laquelle se mêlaient, comme distraction, de bonnes lectures faites dans les écrivains des grands siècles ; son maître, qui avait bientôt compris l'élévation d'esprit de son jeune disciple, ne cherchait point à comprimer les allures de cette intelligence originale et indépendante. Quand on lui faisait des observations sur les habitudes et la désinvolture singulière de son jeune clerc, il ne répondait qu'en montrant les cahiers de l'enfant qui réussissait au delà de toute espérance , et il disait : « Laissez-le faire ; cet enfant n'est pas comme les autres. »

Le jeune écolier passa quatre années chez son curé, étudiant les chefs-d'œuvre de l'antiquité, lisant beaucoup dans les livres que lui prêtait ce bon ecclésiastique, et interrogeant surtout ce grand livre de la nature ouvert à toutes les intelligences, mais où tout le monde ne sait pas lire. C'est sans doute dans la contemplation de cette nature à la fois mélancolique et riante des environs de la Fare, en face de ces coteaux qui rappellent certaines parties de la Judée, sous ce beau ciel d'azur, embaumé en avril des parfums émanés des fleurs roses et blanches de l'amandier, que l'enfant s'initiait aux secrètes inspirations de cette poésie qui a répandu tant de richesses dans ses ouvrages. Ecoutons-le un moment lui-même nous décrivant ce frais paysage avec un vrai talent de coloriste.

« En Provence, quand le mois de mars arrive, l'amandier se change en une corbeille de blanches fleurs odorantes, et chaque terrain planté d'amandiers prend l'aspect d'un jardin. Il ne faut pour cela ni ruisseaux, ni sol gras et fécond ; les vallons pierreux et les collines suffisent pour ces charmantes merveilles. Il est bien des lieux sur les bords de la Durance ou du Var, où cette floraison présente un gracieux coup-d'œil. Mais c'est aux environs d'Aix, dans la vallée de l'Arc, qu'elle forme le plus vaste, le plus frais et le plus ravissant tableau. Si vous vous placez sur les hauteurs qui dominent le village de la Fare, vous avez devant vous un spectacle dont la magnificence printanière éblouit ; toutefois, choisissez un autre point pour embrasser la rivière de l'Arc dans toute son étendue ; montez sur les collines aux pied desquelles est bâti le hameau de Coudoux. De là vous voyez se déployer un panorama qui, pour être beau, n'a pas besoin de la blanche parure du mois de mars ; à l'Orient se dresse au loin Sainte-Victoire qui se mêle au souvenir d'un triomphe de Marius, et dont le pic hardi et les lignes recourbées auraient souri au génie de Salvator Rosa ;

puis les sommets bleuâtres de Cabriès vous apparais-
sent ; plus près, Ventabren, semblable à un large nid
d'aigle, et qui, mieux qu'Ilion, mérite d'être surnommé
le lieu *battu des vents* ; au-dessous Saint-Eutrope couronné de noirs sapins et dont la forme pyramidale rappelle le Thabor ; plus bas la villa du Moulin du Pont,
entouré de pins et de peupliers, au bord de la petite
rivière de l'Arc qui s'enfuit en murmurant ; de ce côté,
la chaîne méridionale qui borde la vallée est cultivée
en gradins d'amphithéâtre comme les flancs du Liban
et les montagnes de la Judée (1). »

Un jour l'archevêque d'Aix vint donner la confirma-
tion aux enfants du village de la Fare. Il fut reçu sous
le péristyle de l'église par M. le curé, accompagné du
jeune écolier qui lui récita un compliment en vers.
Monseigneur de Beausset, étonné de la précocité de
son intelligence, fit appeler le curé et les parents du
jeune enfant, félicita le premier des progrès de son
élève, et les seconds d'avoir un fils si bien doué. Il leur
annonça qu'avec leur permission, l'enfant entrerait au
petit séminaire d'Aix pour y achever ses études classiques. Ce fut une grande joie pour celui qui sentait
déjà le besoin d'un enseignement plus complet et plus
développé. Mais quand il lui fallut quitter le presby-
tère et la maison paternelle, quand il dut dire adieu à
cette belle et riche nature qui l'avait fait poëte, à ces
paysages charmants qu'il avait contemplés tant de fois
dans ses rêveries, à tous ces lieux, témoins de ses jeux,
de ses lectures, de ses inspirations ; quand vint le moment de s'enfermer dans une sollitude froide et morne,
l'enfant sentit le cœur lui manquer, et ne serait pas

(1) *Religion, Histoire, Poésie.*

parti sans les instances de sa mère, de son cher maître, et sans cette voix intérieure qui l'appelait à de plus hautes destinées.

M. Poujoulat rencontra au Petit-Séminaire d'Aix, alors dirigé par le respectable M. Abel, à qui le clergé de ce diocèse est redevable de tant de bienfaits, un prêtre de mérite et d'une rare vertu, professeur d'une classe supérieure et qui devait, plus tard, diriger avec tant de zèle et de dévouement le Petit-Séminaire d'abord, puis la paroisse de Saint-Jean. M. l'abbé Rouchou, avant d'être ce curé, modèle de toute les vertus chrétiennes, et touchante personnification du dévouement et de la charité, fut le professeur de belles-lettres de M. Poujoulat. Ces deux hommes remarquables à tant de titres différents, ne se sont jamais perdus de vue, et, à travers les vicissitudes de notre temps et l'éloignement où leur position réciproque les forçait de vivre, ils avaient conservé une profonde estime et une grande affection l'un pour l'autre. M. Poujoulat n'a jamais oublié qu'il devait à son maître ces principes religieux qui sont une des plus solides garanties du bonheur de l'homme, et cet esprit chrétien qui anime ses œuvres littéraires.

Après avoir terminé ses études avec succès, mais sans avoir voulu faire sa rhétorique, le jeune Poujoulat entra au Grand-Séminaire pour y commencer ses études cléricales : mais la scolastique ne remplaçait pas très-avantageusement, à ses yeux, les poètes et les orateurs dont les œuvres avaient nourri jusque-là son esprit. Au lieu d'étudier avec ardeur les questions ardues qu préparent l'intelligence par une discipline vigoureuse à la polémique et à la discussion des textes sacrés et des systèmes philosophiques, le brillant Séminariste, entré trop tôt dans le sanctuaire des lévites, cultivait les Muses, lisait à la dérobée ses poètes favoris et composait des vers français. Ce fut alors que, comprenant sa véritable vocation, M. Poujoulat retourna dans sa famille pour se préparer au voyage de Paris, sans protection, sans lettres de recommandation pour personne, mais avec un album rempli de vers d'écolier sur lequel il fondait les plus riches espérances.

Il arriva à Paris en novembre 1826, âgé d'un peu plus de dix huit ans, au milieu de cette immense Babylone où viennent se perdre, chaque année, tant de jeunes hommes bien doués qui se croient dans leurs provinces des célébrités. Une des premières choses qu'il fit dans sa petite chambre du quartier latin, ce fut de jeter les vers au feu. En face des illustrations contemporaines dans tout l'épanouissement de leur génie à cette époque, il vit bien qu'il était trop jeune, qu'il fallait travailler encore beaucoup pour arriver à cette position qu'il avait rêvée dans les vallons fleuris du hameau paternel. Mais M. Poujoulat avait de la volonté, de l'intelligence et l'amour du travail. Il ne recula pas devant les difficultés qui surgissaient comme des montagnes entre lui et le but qu'il voulait atteindre.

Il fallait se créer une position en attendant la fortune et la gloire, car les rêves et la poésie ne font vivre personne, et les ressources apportées de la province commençaient à s'épuiser.

Quelqu'un que M. Poujoulat rencontra par hasard lui proposa le poste de maître d'étude au collége de Tonnerre. Ces modestes fonctions qu'il ne craignit pas d'accepter, n'étaient pas du goût de notre écrivain. Il sentait son existence se consumer entre les quatre murs d'une classe. Heureusement pour lui la chaire

de rhétorique vint à vaquer, et le maître d'étude qui
n'avait pas fait sa rhétorique, mais dont on avait
reconnu l'aptitude à des fonctions plus élevées, en
fut chargé provisoirement. Cette transition un peu
brusque d'une position modeste et précaire à un poste
distingué qui pouvait mettre son talent en relief, fut
une bonne fortune pour notre littérateur.

Il se remit au travail avec vigueur. Mais il entendait
une voix intérieure qui l'appelait à une meilleure destinée. Il quitta Tonnerre pendant les vacances, alla à
Paris, fit une pièce de vers sur le duc de Bordeaux
qu'il aperçut un jour en voiture, et se présenta chez
M. Michaud, l'auteur du *Printemps d'un proscrit*, pour
lui lire son morceau poétique. M. Michaud écouta
jusqu'au bout et dit au poète: « C'est bien ; renfermez
ces vers, ils pourront vous servir un jour. Pour le
moment, occupons-nous d'études plus sérieuses. »
L'historien des Croisades avait compris, à la lecture
de quelques vers, qu'il n'avait pas affaire à un jeune
homme ordinaire, mais à une intelligence d'élite, qu'il
fallait encourager et cultiver. Il parla à M. Poujoulat
d'un travail sur les chroniques latines des croisades
déja commencé mais qu'il fallait refaire. Le jeune
homme ne fut point effrayé d'un semblable labeur, qui
ressemblait plus aux graves occupations d'un béné-
dictin qu'aux distractions d'un poète en vacances.

Telle fut l'origine des relations intimes et littéraires
de M. Poujoulat avec M. Michaud. Il fit la plus grande
partie du grand travail appelé *Bibliothèque des Croisades*. Cet ouvrage fut publié en 1828 (1).

---

(1) En 1829, le collaborateur de M. Michaud publiait, dans
la *Revue de Paris*, des *Recherches sur la conservation des auteurs
profanes* au moyen âge.

M. Michaud occupait à cette époque une haute position dans le monde littéraire et savant. Membre de l'Académie française, lecteur de Charles X, éditeur avec son frère de la grande *Biographie universelle*, et rédacteur en chef de la *Quotidienne*, il donnait la main à toutes les gloires de la France et devait associer à cette célébrité, si justement acquise, son jeune collaborateur. De 1828 à 1830 M. Poujoulat travailla à la bibliothèque des Croisades, et publia quelques travaux dans les journaux du temps.

Au mois de mai 1830, M. Michaud et son collaborateur entreprirent un voyage en Orient pour y explorer la marche des croisés, et pour y visiter en détail tous les lieux qui avaient été le théâtre de leurs exploits. Ils apprirent en route la révolution de Juillet, qui envoyait en exil une royauté de quatorze siècles, et dont le dernier legs était une conquête pour la France, celle de l'Algérie. Tous deux, fidèles à la cause nationale de la monarchie légitime, ils déplorèrent une révolution qui devait être la cause première de tant de malheurs pour notre pays, et allèrent chercher dans des contrées fertiles en enseignements de tous genres, des consolations et des souvenirs. Au retour de ce voyage à la fois scientifique et littéraire, ils ne voulurent recevoir du nouveau gouvernement aucune récompense de leurs talents et de leurs fatigues. **MM.** Michaud et Poujoulat ne demandèrent au pouvoir que la permission d'aller remercier au château de Ham, le prince de Polignac qui, étant ministre des Affaires étrangères, avait encouragé leur voyage en Orient. Rien de plus honorable que ce témoignage de reconnaissance porté à un homme malheureux et prisonnier.

Ce fut quelque temps après que parut le premier volume de la *Correspondance d'Orient*, 1832, dont la publication se poursuivit jusqu'en 1837 , et qui compte sept volumes, remplis d'excellentes appréciations sur les mœurs, les institutions et la géographie des peuples visités par les deux voyageurs. La Grèce, l'Egypte, quelques villes principales de l'Asie-Mineure, la Syrie et la Judée, ont été explorées en détail et étudiées dans ce qu'elles ont de remarquable à présenter aux investigations de l'historien et du savant.

MM. Michaud et Poujoulat se sont partagé la besogne et ont, chacun dans leur genre, rendu compte de leurs impressions et de leurs études sous la forme libre et dégagée de l'épître. Je n'ai point à rendre compte ici d'un ouvrage remarquable , jugé si favorablement par la critique contemporaine ; elle a été unanime pour rendre justice au mérite élevé d'une œuvre que nous n'hésitons pas à placer au premier rang des publications de ce genre, dans notre siècle où l'on écrit tant de voyages superficiels. La *Correspondance d'Orient* a été traduite dans les principales langues de l'Europe.

M. Poujoulat, encore jeune, avait à soutenir un parallèle difficile, un voisinage dangereux.

C'était l'inexpérience et la spontanéité de l'intelligence qui se plaçait à côté de la sagesse mûrie par un talent solide et par quarante ans d'études sérieuses. Un jeune homme débutant dans la carrière des lettres, avec un historien célèbre et un journaliste émérite, un poète à peine sorti des bancs de l'école , avec un académicien vieilli sous le harnais. C'étaient là de dangereux rapprochements. Eh bien ! hâtons-nous de e dire à la louange de M. Poujoulat, il chemine sans broncher à côté de M. Michaud, et soutient dignement le parallèle qu'on était tenté de faire entre les deux écrivains.

M. Michaud est à la fois un causeur spirituel et un dissertateur ingénieux, un appréciateur exact des mœurs et des coutumes des Orientaux. M. Poujoulat a le talent, la verve et l'imagination des hommes de son âge. Il est le poète et le paysagiste du voyage, tandis que M. Michaud en est l'historien et le moraliste.

Du jour où ce livre parut, le collaborateur de M. Michaud fut associé à la réputation littéraire de l'éminent historien ; il prit dès lors une part active à la rédaction de la *Quotidienne*, et publia des articles de *variétés* et des critiques littéraires qui faisaient les délices de cette excellente feuille. La plus grande impartialité présidait à ces appréciations des livres nouveaux.

Jamais la passion politique n'inspira les jugements de l'écrivain. C'est dans le commerce habituel de son maître, que le disciple puisa l'instruction la plus solide et le goût le plus pur. Il doit à cet homme si distingué et du bon sens le plus rare, la précoce maturité de son style et la sobriété de sa langue littéraire. Leurs genres d'esprit diffèrent essentiellement, et cette différence a produit une heureuse variété dans la *Correspondance d'Orient*.

Dans le courant de l'année 1835, l'auteur se reposa de ses fortes études sur l'Orient en écrivant comme délassement un petit roman, une sorte d'épisode moral, la *Bédouine*. Ce livre qui, par le sentiment dont il est animé et par la peinture gracieuse et fidèle

de la vie du désert et des brûlants paysages de l'Orient,
rappelle le chef-d'œuvre de Bernardin de Saint-Pierre,
Paul et *Virginie*, et l'épisode *d'Atala* de M. de Cha-
teaubriand, est un tableau charmant de mœurs arabes ;
l'auteur l'a enrichi des couleurs les plus vives et les
plus riantes de sa palette de paysagiste. Les teintes en
sont accentuées, les couleurs ardentes, et les person-
nages habilement dessinés ; la physionomie de la
Bédouine est un type idéal sans doute, mais vrai dans
la mesure d'une stricte vraisemblance. Le caractère
d'Augustin est bien exactement rendu. C'est un pauvre
jeune homme qui, n'ayant pas trouvé à Paris le
bonheur et la fortune qu'il y avait rêvés, va chercher
en Orient l'idéal qu'il poursuit dans ses songes, et
après avoir cru un instant le saisir dans la personne
d'Iellé, la jeune bédouine, le voit s'évanouir comme
un songe, et meurt à côté de sa bien-aimée.

Cet ouvrage fut couronné par l'Académie française
en 1836. M. Villemain, dans son rapport, appelait
l'auteur « le peintre ingénieux et expressif des mœurs
de l'Orient moderne. »

C'est à cette époque (1836), que MM. Michaud et
Poujoulat publièrent la grande collection des *Mémoires
de l'Histoire de France*, précédés de notices éten-
dues sur chacun des auteurs. Presque toutes ces biographies ont été écrites par le disciple de l'historien
des croisades. Il est aussi l'auteur d'un excellent précis de cette histoire, où les principales phases de ces
grandes expéditions du moyen âge sont admirable-
ment résumées à l'usage des jeunes gens.

Vers la fin de 1838, M. Michaud, dont la santé com-
mençait à s'altérer par suite des longs travaux et de
l'âge, alla demander un peu de vie et de chaleur au

ciel des Pisans. M. Poujoulat l'accompagna dans ce voyage et s'arrêta à Aix pour y voir sa famille et ses amis. Il mit à profit son voyage en Italie, et, dans cette terre des arts où il y a toujours à glaner, il trouva le sujet d'un bon livre qui parut sous le titre de *Toscane et Rome*. C'est un compte-rendu fidèle et varié des impressions de voyage de l'auteur ; non pas de ces impressions banales, comme on en trouve dans les récits des touristes de notre siècle, mais de ces appréciations des hommes et des choses qui accusent un esprit solide et cultivé, cherchant le bien et le beau dans les institutions et les arts. Sa partie qui concerne Rome et les cérémonies de la semaine sainte est remplie d'un vif intérêt. Ce livre, par des rapprochements historiques que l'auteur sait amener sans effort, se rattachait encore à la *Correspondance d'Orient*, 1839.

Pise et le *Campo-Santo* rappelaient les Croisés ; les cérémonies de la grande semaine, Jésusalem que, huit ans auparavant, notre voyageur visitait à l'époque des fêtes de Pâques. Nous ne disons pas tout ce qu'il y a d'éloquent, de touchant et de mélancolique dans les récits de ce livre. Le talent de l'auteur était alors éprouvé et dans toute sa maturité. Son imagination, toujours riche et brillante, était alors tempérée par une raison que les longues études, les voyages lointains et les leçons d'un maître, grand écrivain, avaient largement développée. M. Poujoulat semblait appelé à continuer la personnalité originale de M. Michaud ; car à mesure que celui-ci s'en allait, il communiquait à son ami ses inspirations, son esprit et sa bienveillance.

En 1839, notre compatriote alla voir à Rome et à Naples Monseigneur le comte de Chambord, pour lui présenter ses hommages de royaliste; un intérêt d'histoire l'avait aussi conduit auprès du prince. Celui-ci avait visité récemment la Hongrie, et M. Poujoulat avait à recueillir des renseignements sur la marche des Croisés à travers le pays.

Au retour de ce voyage, il publia dans la *Quotidienne* (aujourd'hui *l'Union*) d'intéressants articles sur ses excursions dans cette partie de l'Italie. Il était alors à Passy, près Paris, avec son frère Baptistin qui rédigeait, lui aussi, ses notes d'un voyage en Orient. Pendant que le frère aîné mettait la dernière main à une histoire de Jérusalem, le plus jeune complétait la *Correspondance d'Orient* par la publication de son voyage dans l'Asie-Mineure.

Il m'est impossible de ne pas dire un mot de ce jeune écrivain que son frère avait laissé à la Fare, quand il partit pour Paris. M. Baptistin Poujoulat n'avait pas fait d'études classiques, mais souvent le soir, au fond de sa chambre ou à l'ombre des ruines du vieux château, sur la colline qui domine le village, il lisait et relisait les ouvrages de son frère et de M. Michaud. Son excellente mère, qui avait perdu la vue à force de pleurer sur la longue absence de son fils qui avait passé pour mort en Orient, le détournait du projet d'aller à Paris; mais un beau jour M. Michaud charge le jeune Baptistin d'aller recueillir en Asie de nouveaux documents pour compléter la *Correspondance d'Orient* et la dernière édition de l'*Histoire des Croisades*. Notre voyageur, heureux de cette mission, part en 1836, le 25 septembre, avec quelques jeunes gens dont il était censé le guide; mais plus audacieux que ses compagnons de voyage, il s'enfonce dans l'Asie-Mineure, explore des pays peu connus, va faire son pèlerinage à Jérusalem, et revient en Europe par Alexandrie.

Arrivé à Paris, il publia dans les deux années qui suivirent ,1840-1841, deux volumes qui prirent place à côté de ceux de son frère. Tous ceux qui, comme nous, connaissent l'âge auquel le frère de M. Poujoulat a commencé ses études et les efforts qu'il a dû faire pour arriver à un résultat si beau et si complet, rendront justice à son talent et à la persévérance de sa volonté.

M. Baptistin Poujoulat remplit pendant plusieurs années avec beaucoup de dévoûment et de capacité les fonctions d'inspecteur de l'instruction primaire dans les départements du Jura, des Basses-Alpes et de l'Eure, de 1843 jusqu'au mois de décembre 1851, époque où il donna sa démission et rentra dans la vie privée. Si l'enseignement perdit un fonctionnaire intelligent qui avait rendu des services réels dans les difficiles années de la République de 1848, les lettres y gagnèrent de bons ouvrages qui fixèrent la position de M. Baptistin Poujoulat dans le monde littéraire. L'*Histoire de Constantinople*, celle des Papes jusqu'à l'établissement du pouvoir temporel sous Pépin et Charlemagne, et quelques livres pour la jeunesse, publiés chez Mame, assuraient désormais la réputation de l'auteur, et plaçaient son nom auprès de celui de son frère auquel sa destinée était unie à l'avenir. Ce fut à la suite d'un voyage en Syrie, entrepris après les événements qui ensanglantèrent ce malheureux pays, que notre compatriote contracta la maladie qui devait l'enlever, dans la force de l'âge, à sa famille, à ses nombreux amis et aux lettres qu'il honorait par un beau talent, de sincères convictions et un noble caractère. M. Baptistin Poujoulat, après une longue et cruelle maladie, qu'il supporta avec une résignation chrétienne, est mort à Aix le 1er juin 1864. Cette digression était indispensable à notre récit ; nous ne pouvions pas séparer ces deux destinées et ces deux noms désormais inséparables dans l'histoire de notre littérature.

En 1840 le sort de M. Poujoulat se fixa pas son mariage avec mademoiselle Foullon de Chevrière. Il était difficile de trouver une compagne plus digne d'un si beau talent et d'un si noble cœur.

Madame Poujoulat alliait à une grâce parfaite un esprit fin et délicat. Tous ceux qui ont pu la connaître savent de quel prix doit être une femme si spirituelle, si charmante et si bienveillante à la fois.

Ce fut sous les inspirations de cette gracieuse muse, dans sa solitude d'Ecouen, que M. Poujoulat acheva son *Histoire de Jérusalem*, tableau animé des grandes scènes de l'histoire biblique et de la naissance du christianisme. L'auteur, dans ce nouvel ouvrage, ne bornait pas son rôle d'historien à celui de narrateur des grands événements qui remplissent ce large cadre. Mais il s'élevait à des considérations philosophiques pleines de grandeur, et, disciple fidèle de Bossuet, il montrait dans l'enchaînement des faits la main de Dieu qui mène les peuples à leurs destinées. Cet ouvrage éloquemment, écrit, fut couronné par l'Académie française en 1842.

En 1843, des évêques français transportèrent à Hippone des reliques de saint Augustin, dont le corps est déposé à Pavie depuis l'invasion des Vandales. M. Poujoulat conçoit l'heureuse idée d'une histoire de saint Augustin ; il part pour l'Afrique, où il va chercher les traces profondes qu'y laissa le grand évêque. Il ne trouve que des ruines là où jadis florissaient tant d'églises chrétiennes. Mais, à côté de ces ruines faites par les barbares, il voit s'élever la colonie française, et la civilisation chrétienne refleurir. C'est la France, cette nation initiatrice des grandes choses, qui est appelée à rallumer le flambeau de la foi sur des côtes si longtemps désolées par les barbares.

L'histoire de saint Augustin parut en 1844 et obtint un légitime succès. L'auteur y avait mis toute son âme et toutes les richesses de son imagination. Doué d'un cœur sensible et modèle de la piété filiale, il trouva dans son âme l'énergie et la suavité de sentiments indispensables pour parler éloquemment de sainte Monique et de saint Augustin. Cette histoire était suivie de plusieurs lettres de Monsieur l'abbé Léon Sibour, alors professeur à la Faculté de théologie d'Aix et depuis évêque de Tripoli *in partibus*. Ces lettres, remplies de détails intéressants, contiennent une relation curieuse de la translation des reliques de saint Augustin (1).

L'ouvrage de M. Poujoulat fut couronné par l'Académie en 1845. M. Villemain disait dans son rapport, en parlant de ce livre : « L'ouvrage entier instruit et attache, on y entend comme l'écho des premiers siècles du christianisme au milieu des bruits de notre temps. En nous faisant assister aux conciles, aux conférences, à la vie théologique de ces anciennes cités, il nous montre ce que le génie moderne, armé

---

(1) Mgr Sibour, évêque de Tripoli, est mort le 18 novembre 1864, à Antibes, où il était allé passer une partie de l'hiver.

de la religion et des arts, pourra faire de ce pays arraché à la barbarie par la guerre. »

Cet ouvrage est arrivé à sa cinquième édition ; un pareil succès dans un siècle comme le nôtre, adonné surtout à des lectures frivoles, fait le plus bel éloge de ce livre.

En 1846, M. Poujoulat publia, sous le titre d'*Études Africaines*, le récit de son voyage en Algérie, qui renferme d'excellentes appréciations sur ce pays et de belles peintures de notre colonie africaine. A peu près à la même époque, l'auteur réunit ses meilleurs articles dans un volume qu'il intitula : *Reliligion, Histoire et Poésie.*

Enfin au moment où MM. de Lamartine, Louis Blanc et Michelet publiaient leurs scandaleuses histoires de la révolution française, M. Poujoulat en publiait une en deux volumes, très-propre à populariser, parmi les jeunes gens et les hommes du peuple, les événements remarquables d'une époque si souvent défigurée par les historiens révolutionnaires. Ce nouveau travail, qui a obtenu quatre éditions, était le premier titre politique de M. Poujoulat. 1847.

Après la république de 1848, le département des Bouches-du-Rhône choisit, au nombre de ses représentants, notre écrivain. Son discours dans la discussion générale sur la loi d'enseignement fit une profonde sensation. Ce fut une réfutation péremptoire des déclamations emphatiques de M. Victor Hugo, dont le discours aussi bizarre de fond que de forme, n'était qu'une longue diatribe contre le clergé. Notre représentant eut les honneurs de la séance, et le poète les éloges des journaux démocrates. L'orateur de la droite se disposait à entrer en lice dans

les grandes discussions que soulevaient les questions
du moment, quand le coup d'État du 2 décembre
1851 mit fin à sa courte carrière de député. Les
conditions nouvelles faites à la représentation nationale ne permettaient plus à M. Poujoulat de poursuivre une carrière si brusquement interrompue.

Il rentra dans la vie littéraire comme plusieurs
de ses collègues, et cet exil de la vie parlementaire
nous a valu quelques bons ouvrages de plus.

Avant le coup d'État du 2 décembre, notre représentant, préoccupé de la ligne que devaient suivre avec
ensemble les hommes de l'opinion monarchique, avait
écrit une brochure qui a pour titre : *La Droite et sa
mission*, 1849.

Le premier livre publié depuis cette époque est inti-
tulé : *Lettres de Bossuet* à un homme d'État, 1854.
Depuis que les révolutions nous ont appris à regret-
ter le passé, nous revenons de préférence aux siècles
écoulés, et nous aimons à vivre avec les grandes
gloires nationales pour oublier les misères du temps
présent. Les désordres de la littérature moderne, les
équipées de nos écrivains contemporains nous ont fait
souvenir d'un siècle qu'on a appelé une grande école
de respect. Plusieurs auteurs distingués ont fouillé
dans les archives littéraires de cette noble époque, et
nous ont donné d'admirables biographies. Parmi les
noms illustres du grand siècle, celui de Bossuet ne
pouvait rester à l'écart.

La vie de l'évêque de Meaux a été écrite dans les
premières années de ce siècle, par le cardinal de
Beausset. Ce n'est donc point une biographie qu'a
voulu composer M. Poujoulat ; le titre seul annonce
un ouvrage d'une toute autre nature. Les *Lettres à*

un homme d'État renferment une appréciation approfondie et lumineuse des œuvres d'un grand penseur, une étude réfléchie des travaux du célèbre évêque dont la plupart sont inconnus à un grand nombre de lecteurs. Ce n'est pas d'aujourd'hui que le nom de Bossuet a tenté la plume des écrivains de talent. Nous pourrions citer comme un remarquable morceau d'éloquence le travail de MM. Patin et Saint-Marc Girardin qui ont partagé le prix pour l'éloge de Bossuet, mis au concours par l'Académie française sous la Restauration. M. Nisard, dans son *Histoire de la Littérature française*, a consacré d'excellentes pages à cette illustration du dix-septième siècle. M. Nisard est un penseur sérieux et un homme d'un gout sévère, mais il est peut-être un peu lourd et un peu froid. Il fallait de la verve, de l'enthousiasme et de l'éloquence pour parler noblement de l'évêque de Meaux. Pour suivre le vol hardi du génie dans les hautes sphères, il fallait savoir se passionner pour tout ce qui est grand et beau ; il fallait surtout être croyant et n'avoir jamais égaré sa plume dans les tristes régions du rationalisme.

Ces lettres sur l'évêque de Meaux sont adressées à un homme d'Etat (1) des cours du Nord que l'auteur avait rencontré à Vienne durant l'été de 1852, et qui a en grande vénération notre belle littérature et nos illustres écrivains. Cet étranger ne connaissait de Bossuet que les ouvrages classiques, ceux que nous avons tous appris plus ou moins en rhétorique ; c'est dire qu'il avait peu étudié le grand écrivain et qu'il

(1) Le baron de Meyendorff, alors ambassadeur de Russie à Vienne, mort en 1863.

n'avait vu qu'un côté de son talent. M. Poujoulat se chargea de lui faire aimer cet *effrayant génie* et de le mettre en communication avec le grand Bossuet. Cette causerie familière, mais élevée et toujours sérieuse, allait bien à un ouvrage de ce genre. A mesure qu'il se met en relation avec l'illustre écrivain et qu'il le connaît mieux, l'auteur s'enthousiasme pour ces belles œuvres qu'on ne saurait trop approfondir ; il se plonge avec délices dans cet Océan sans fond, ou bien il suit avec ravissement l'aigle de Meaux qui s'élève dans les plus hautes régions et semble se rapprocher de Dieu. M. Poujoulat ne fait pas seulement connaître Bossuet, il le fait aimer en le révélant sous un jour nouveau. Ce n'est point uniquement comme écrivain et comme penseur que l'auteur fait revivre le grand prélat de la cour de Louis XIV ; il le montre aussi comme homme privé, comme ami, comme directeur des consciences ; il fait voir le génie dans son intimité, et cette âme ardente douée d'une activité sans égale pour le bien.

On sent, en lisant ce livre, que le souffle du génie de Bossuet a passé sur ces éloquentes pages.

L'année suivante, 1856, l'infatigable écrivain publie un nouveau volume qui ne le cède en rien aux précédents pour l'intérêt du sujet ; c'est la vie du célèbre cardinal Maury, le grand et courageux orateur de l'Assemblée constituante.

L'historien nous montre le jeune Maury sortant de Valréas et s'acheminant à Paris en compagnie de deux hommes devenus célèbres à des titres bien différents : Portal et Treillard, l'un plus tard médecin de l'empereur, et l'autre révolutionnaire et régicide, de 1782 à 1789. Maury vit dans le monde des gens de lettres de son temps ; il est lié surtout avec Chamfort et Marmontel. On n'est pas impunément de son siècle ; au milieu de cette atmosphère énervante du philosophisme et de la corruption générale, le jeune provençal n'a-t-il pas puisé, comme on l'a dit avant nous, ces germes de faiblesse qui étoufferont plus tard cette énergie de volonté dont il aurait eu besoin devant le César couronné ?

M. Poujoulat apprécie en historien consommé le beau rôle de Maury à l'Assemblée constituante ; la lutte soutenue du vigoureux athlète contre le fougueux et trop éloquent Mirabeau. On lit avec intérêt le remarquable parallèle de Maury et de Mirabeau, où l'historien a vaincu le danger de la difficulté, tout en laissant voir ses préférences pour son héros.

Quand il est enfin arrivé à l'époque de la déchéance de Maury, l'auteur ne se laisse en rien apitoyer sur les faiblesses du cardinal. Les principes sont inflexibles et n'entrent pas en accommodement avec les misères de l'homme. Le rôle de l'historien était délicat en présence de ces humiliantes capitulations de la conscience. Mais M. Poujoulat n'a pas un instant failli à sa tâche et s'y est montré supérieur en restant le modèle de l'impartialité historique. Maury eut le tort insigne d'accepter les fonctions d'archevêque de Paris, tandis qu'il était encore lié au Saint-Père comme évêque de Montefiascone, Le châtiment suivit de près ces défaillances d'un grand caractère. Trois mois de prison au fort Saint-Ange, l'aversion des Bourbons qu'il avait servis, la solitude faite autour de sa vieillesse, et sa sépulture loin de l'église dont il portait le nom furent une expiation suffisante de ses fautes. Maury se résigna sans murmure, et cette soumission chrétienne donne un certain reflet de grandeur aux derniers jours de sa vie.

L'historien a jugé du haut des principes cette grande figure de la révolution. Ces jugements élevés de l'homme et des événements sont graves et fermes, et l'opinion politique de l'auteur n'en altère ni la justice ni la vérité.

L'émotion universelle qu'excita dans tous les cœurs honnêtes la déplorable mort de Monseigneur Sibour, archevêque de Paris, le 3 janvier 1857, faisait désirer qu'une plume éloquente retraçât la vie de cette douce victime, Cette tâche semblait dévolue de droit à l'évêque de Tripoli, le moderne Timothée de Monseigneur Sibour, ce collaborateur si intelligent et si dévoué d'un vieil ami; mais à cette époque l'état de sa santé ne permettant pas à ce pieux prélat de s'en acquitter, il se consola du moins de ce nouveau sacrifice en cédant la plume à une main aimée, à un écrivain initié comme lui aux travaux et aux intimes pensées de l'éminent pontife. Plus que personne l'historien de saint Augustin devait être tenté par la grandeur d'un tel sujet, où viennent se résumer à la fois les craintes et les espérances de l'Église de France, toutes les douleurs de nos épreuves, et tous les motifs de croire que Dieu se laissera toucher par nos expiations et par le sang d'un martyr de la foi versé aux pieds de la patronne de Paris.

M. Poujoulat se mit donc à l'œuvre avec cette ardeur qui l'anima toujours pour les grandes et belles choses, et après avoir soigneusement compulsé tous les manuscrits de l'archevêque, il donna une étude biographique qu'il dédia à Mgr Léon Sibour, de Tripoli. Ce livre est précédé des lettres si émues, si touchantes, que les deux amis échangèrent alors sur la mort de l'archevêque de Paris, véritable modèle de fraternité chrétienne, cité ensuite avec attendrissement par toute la presse catholique, même à l'étranger.

Dans son œuvre de consciencieuses recherches et de hautes pensées, l'auteur n'a rien omis pour mettre en lumière cette existence si remplie ; obscure d'abord au sein de l'étude et du recueillement, mais qui devait se consacrer plus tard avec éclat au triomphe de l'Église, et finir, après dix-sept ans d'épiscopat, par une immolation aux lois de la discipline et de la Mère de Dieu.

Cette plume infatigable ne saurait rester oisive. Depuis longtemps l'auteur nourrissait le projet de traduire les plus beaux ouvrages de saint Augustin, dont il s'était montré l'éloquent et consciencieux historien. Les *Confessions* et la *Cité de Dieu* avaient été déjà traduites avec un rare mérite d'exactitude et d'élégance par M. Louis Moreau ; mais il n'existait pas de traduction récente de la volumineuse correspondance de l'évêque d'Hippone. Les difficultés et les obscurités du style de saint Augustin n'arrêtèrent pas notre historien. Il avait si longtemps vécu dans l'intimité de son maître, qu'il en comprenait et en devinait d'avance toutes les pensées. Aussi cette publication fut-elle un vrai service rendu aux lettres chrétiennes, en popularisant parmi nous le génie d'Augustin, dont les gens du monde ne connaissent guère que les *Confessions*. Cette traduction fut publiée en 1858, précédée d'une excellente introduction sur le mérite littéraire et historique de cette intéressante correspondance.

Peu de morts ont fait à Paris plus de sensation que

celle du R. P. de Ravignan , parce qu'il y a eu de nos
jours peu d'existences plus saintes et mieux remplies
que la sienne. Quand nous apprîmes la fin du célèbre
orateur , nous sentîmes tous qu'un vide profond
venait de se faire dans les rangs de cette glorieuse
milice qui lutte depuis trois siècles contre l'erreur. En
effet , l'Église venait de perdre un saint prédicateur,
la jeunesse un de ses amis zélés et un de ses meilleurs
guides spirituels. A cette époque, on écrivit sur le
R. P. de Ravignan bien des biographies incomplètes et
de circonstance. Il était alors à désirer qu'un travail
embrassant dans leurs moindres détails la vie et les
œuvres de cet homme éminent, fit connaître au
monde cette âme vouée avec une généreuse ardeur
au triomphe de la vérité, que l'illustre défunt a
prêchée si éloquemment par sa parole et par l'exemple
de ses vertus. M. Poujoulat sentit, comme il le dit
lui–même , au plus profond de son cœur la grandeur
de cette perte et le vif désir de retracer la vie qui
venait de s'achever sur la terre. Des documents de
tout genre et plus de six cents lettres ont passé entre
les mains de M. Poujoulat. C'est à l'aide de ces maté-
riaux inédits qu'il a pu reconstruire cette vie dans son
entière vérité. Si l'homme se peint dans ses écrits , à
plus forte raison se révèle-t-il dans ses lettres , dont
l'intimité laisse entrevoir toutes les nuances du sentiment. On lit avec un profond intérêt cette mono-
graphie , dont l'auteur nous a déroulé les phases avec
une émotion à peine contenue et dans un style plein
d'élévation. L'historien avait une tâche difficile à
remplir, celle d'intéresser vivement pendant plus de
cinq cents pages, en nous racontant dans sa pieuse et
noble simplicité la vie d'un homme de bien ; car il

semble, aux yeux du monde, qu'il n'y ait d'attachant dans l'existence humaine que les aventures romanesques ou les grands événements qui ont remué la société.

Les détails curieux, les particularités instructives, et de judicieuses appréciations des œuvres du savant religieux donnent à ce livre un caractère original et piquant, où le récit se mêle à l'étude des graves questions que fait naître la lecture de ses ouvrages (1).

Nous n'avons pas parlé de la collaboration de notre historien aux journaux et aux revues de notre pays. L'*Union* (ancienne *Quotidienne*) reçoit très-fréquemment les communications littéraires ou politiques de M. Poujoulat. La critique littéraire a été, dès le début de sa carrière, une des plus sérieuses occupations de l'ancien collaborateur de M. Michaud. Il s'est montré critique spirituel et juge d'un goût éclairé dans le compte-rendu de plusieurs livres récents. Les erreurs de quelques écrivains modernes l'ont toujours trouvé sur la brèche quand il a fallu réfuter les hérésies littéraires et philosophiques qui se sont produites dans ces derniers temps. Dans cette réfutation vive et ferme des erreurs contemporaines comme dans l'examen des ouvrages nouveaux, on a remarqué surtout une modération devenue rare de nos jours, et une noble courtoisie qui n'excluent ni la sévérité des jugements ni la portée des idées. L'élégance de la forme, une grande élévation de pensées et une connaissance approfondie des sujets traités donnent à ces

---

(1) Plus tard, le P. de Pontlevoy publia une *Vie du P. de Ravignan*, où se trouve peint surtout le caractère du saint religieux.

études littéraires un intérêt vif et durable. Le volume de mélanges qui contient quelques-uns de ces travaux a été publié en 1856 sous le titre de *Littérature contemporaine.*

C'est avec le même esprit fin et la même sûreté de jugement et de doctrine que le critique s'est érigé en polémiste de premier ordre dans la réfutation des erreurs religieuses et politiques qui se sont révélées dans ces dernières années à propos des récents événements accomplis en Italie. Ses deux lettres à M. Dupin au sujet des attaques vives et acrimonieuses du savant légiste contre le pouvoir temporel et les associations religieuses, renferment les éléments d'un traité complet sur ces importantes questions ; les accusations et les assertions du célèbre jurisconsulte sont détruites une à une avec l'histoire et le bon sens que M. Dupin n'a pas toujours respectés dans ses paroles et dans ses écrits. Ce dernier s'inspire des méfiances et des passions révolutionnaires d'un autre temps ; à propos du pouvoir temporel du Saint-Siége, il paraît ne pas connaître l'histoire de la Papauté, et au sujet de ses attaques contre les congrégations religieuses, il voudrait faire revivre des lois surannées qui n'ont plus de raison d'être sous un régime où la liberté de conscience a passé dans nos institutions.

M. Poujoulat se trouva un moment placé, en 1859, à la tête de la rédaction de l'*Ami de la Religion*, transformé en journal quotidien, où l'on remarque plusieurs articles sur le pouvoir temporel du Pape, qui firent sensation dans le monde catholique.

On connaît les fâcheux résultats qu'amena notre dernière campagne d'Italie en 1859. Le pouvoir temporel du Pape en ressentit le premier les tristes effets par la révolution que le Piémont avait fomentée en Romagne pour arriver à l'annexion de cette province. La brochure *Le Pape et le Congrès* qui avait pour but de légitimer cette séparation et qui battait en brèche la souveraineté temporelle, souleva l'indignation parmi les catholiques. Mgr Dupanloup réfuta avec une rare vigueur de dialectique les faibles arguments de l'auteur anonyme. Parmi les autres réfutations qui furent distinguées et qu'on lit avec intérêt même après celle de l'évêque d'Orléans, on peut citer la brochure de M. Poujoulat qui a pour titre : *Les Droits du Pape*, 1860. Elle fut suivie de deux autres qui traitent aussi de la même question. La première est une Réponse à la circulaire de M. le ministre des Affaires étrangères relative à l'Encyclique du Souverain-Pontife ; elle est de la même année. La seconde est encore une réponse à la brochure de M. de la Guéronnière : *La France, Rome et l'Italie*, et fut publiée l'année suivante, 1861.

La même année, notre polémiste entre en lice contre M. de Persigny, alors ministre de l'Intérieur, dont la circulaire contre la Société de Saint-Vincent de Paul avait péniblement surpris les membres de cette vaste association de charité. En en dissolvant le conseil supérieur, le ministre la comparait à la franc-maçonnerie dont les tendances plus ou moins avouées ne sont plus un secret pour personne. Ainsi cette Société de charité que le gouvernement de 1830 et la République de 1848 avaient respectée, cette institution si merveilleusement organisée pour le soulagement des classes indigentes, M. le ministre la suspectait comme une association politique dont l'esprit pouvait devenir un danger pour le gouvernement.

En conséquence, M. de Persigny, considérant qu'une

association de ce genre portait ombrage à la sûreté de l'Etat, dissout le conseil général et les conseils provinciaux, et brise ainsi l'unité d'une institution dont on ne connaissait jusqu'alors que les heureux effets de bien-être moral et matériel sur les pauvres. Le président de la Société répondit à cette mesure impolitique par une lettre de protestation ferme et digne, où se révélait cet esprit honnête et conciliant qui anime les membres de cette association catholique.

Plus d'un écrivain prit la plume pour combattre la circulaire du ministre. M. Poujoulat parut au premier rang des défenseurs de la charité; il combattit avec la plus grande fermeté de langage les idées de M. le ministre, et mit en lumière les services incontestables de la Société de Saint-Vincent de Paul (1).

En 1863, M. Renan, de l'Institut, publia une histoire du Rédempteur où il défigura, à la rendre méconnaissable, l'adorable physionomie du Sauveur. Ce livre émut douloureusement le monde chrétien. On se demanda quelle avait été la pensée de ce séminariste transfuge qui se servait des connaissances acquises chez les Sulpiciens pour dénaturer la vérité, et nouvel Arius essayait vainement de détruire la divinité du Christ dans une histoire où l'altération des textes sacrés se joint aux suppositions les plus absurdes, aux contradictions les plus choquantes et aux négations les plus effrontées. Est-ce sérieusement que M. Renan, prenant plaisir à falsifier l'inaltérable caractère des Ecritures, a composé son *Histoire de Jésus*, où le faux se mêle à l'absurde, où l'évidence des faits est con-

____

(1) En 1862, M. Poujoulat a donné une traduction des Épitres et Évangiles avec préface.

testée sans preuves, et où les ténèbres sont répandues à
profusion sur des événements dont l'authenticité est
depuis longtemps établie par des arguments irré-
fragables. ? Il faut voir avec quelle pressante logique
M. Poujoulat réduit son adversaire. Il le suit pas à pas
et réfute l'erreur au fur et à mesure qu'elle se produit.
La polémique roule tout entière sur l'interpolation et
la fausse interprétation des textes de l'Écriture par
M. Renan. Il n'est pas difficile à un homme instruit
dans la science des livres sacrés et d'un jugement
éprouvé, de relever la faiblesse des arguments du
téméraire biographe, car c'est généralement en niant
les faits ou en se livrant à des suppositions gratuites,
que M. Renan procède dans la *Vie de Jésus.*

On a donné selon nous beaucoup trop d'importance
à un livre évidemment faible au point de vue de
l'exégèse, puisque les rationalistes d'outre-Rhin
l'ont dédaigné comme inférieur à la grandeur du
sujet.

L'enseignement de l'histoire contemporaine exigé
dans les établissements secondaires d'instruction
publique depuis 1864, a inspiré à M. Poujoulat l'heureuse pensée d'écrire le récit développé des événements historique qui se sont passés depuis la Restauration, en 1814, jusqu'au temps présent. Cette histoire a
été écrite dans ces dernières années par plusieurs
écrivains de talent. Après MM. Lubis et Vaulabelle
qui représentent l'un l'opinion royaliste, et l'autre les
doctrines révolutionnaires, nous avons eu l'histoire de
M. de Lamartine, brillant et pathétique narrateur, mais
dont les jugements et les appréciations sont souvent
erronés, et celle de M. Nettement, historien exact et
consciencieux. Mais entre la grande histoire racontée

en détail et le précis scolaire, il y a un milieu où l'historien, sans se perdre dans les détails de chaque jour,
se contente de grouper les faits de second ordre, ne
racontant avec les développements nécessaires que
les grands événements qui ont laissé quelque trace dans
le monde. C'est la méthode qu'a suivie M. Poujoulat.
Les deux premiers volumes de son *Histoire de France
depuis 1814* renferment la Restauration ; le tome
troisième les dix premières années du règne de Louis-
Philippe.

L'auteur a de nouveau montré les solides qualités
d'un écrivain chez qui les opinions politiques et des
convictions sérieuses s'allient toujours avec l'exactitude et l'impartialité. La mesure et la justesse dans
les idées, la vérité dans les jugements sur les hommes,
et des aperçus nouveaux sur l'ensemble des faits,
un style toujours élégant et ferme, souvent même éloquent, mettront ce livre au premier rang des ouvrages
écrits sur les événements contemporains.

Voué à la défense des principes chrétiens et sociaux,
M. Poujoulat n'a qu'à poursuivre la noble carrière des
lettres en propageant ces salutaires doctrines dont
notre société malade a un si grand besoin. En présence
du fléau toujours croissant des erreurs modernes et
des doctrines révolutionnaires, l'historien de saint
Augustin, le vaillant polémiste des dernières luttes,
le disciple fidèle de l'historien des croisades combat-
tra, jusqu'au jour du triomphe, pour l'église du Christ
et pour la liberté.

Marseille. — Typ. Vᵉ Marius Olive, rue Paradis, 68.

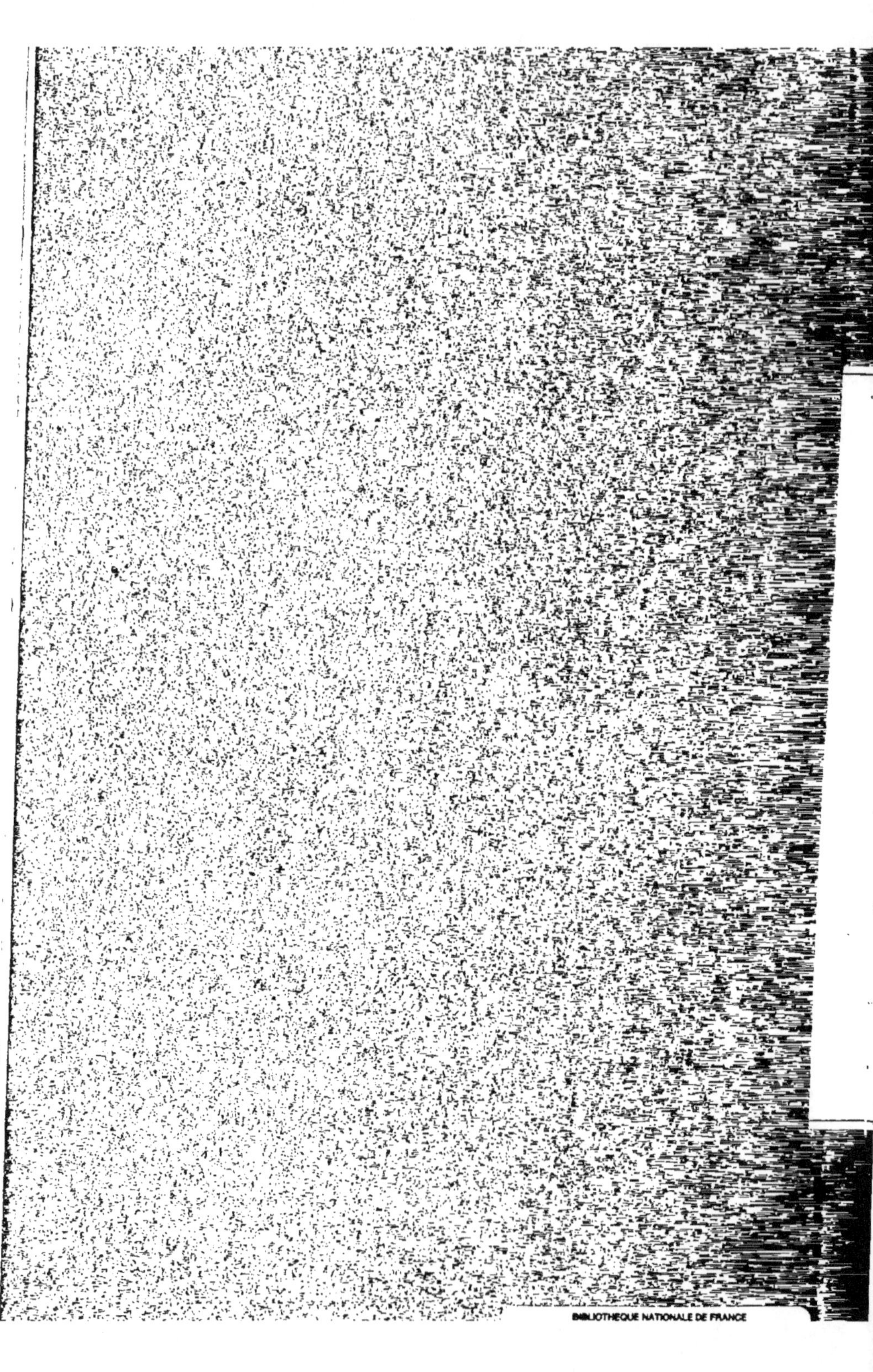

BIBLIOTHEQUE NATIONALE DE FRANCE

www.ingramcontent.com/pod-product-compliance
Lightning Source LLC
Chambersburg PA
CBHW061337050726
47595CB00005B/1966